BEI GRIN MACHT SICH IHR WISSEN BEZAHLT

AF151526

- Wir veröffentlichen Ihre Hausarbeit,
  Bachelor- und Masterarbeit

- Ihr eigenes eBook und Buch -
  weltweit in allen wichtigen Shops

- Verdienen Sie an jedem Verkauf

Jetzt bei www.GRIN.com hochladen und kostenlos publizieren

Ernst Probst

Was ist ein Menhir?

**Interview mit dem Mainzer Archäologen Dr. Detert Zylmann über Hinkel-
steine**

GRIN Verlag

Bibliografische Information der Deutschen Nationalbibliothek:

Die Deutsche Bibliothek verzeichnet diese Publikation in der Deutschen National-bibliografie; detaillierte bibliografische Daten sind im Internet über http://dnb.d-nb.de/ abrufbar.

Impressum:

Copyright © 2011 GRIN Verlag GmbH
Druck und Bindung: Books on Demand GmbH, Norderstedt Germany
ISBN: 978-3-656-08559-1

Dieses Buch bei GRIN:

http://www.grin.com/de/e-book/183871/was-ist-ein-menhir

GRIN - Your knowledge has value

Der GRIN Verlag publiziert seit 1998 wissenschaftliche Arbeiten von Studenten, Hochschullehrern und anderen Akademikern als eBook und gedrucktes Buch. Die Verlagswebsite www.grin.com ist die ideale Plattform zur Veröffentlichung von Hausarbeiten, Abschlussarbeiten, wissenschaftlichen Aufsätzen, Dissertationen und Fachbüchern.

Besuchen Sie uns im Internet:

http://www.grin.com/

http://www.facebook.com/grincom

http://www.twitter.com/grin_com

Foto auf der vorhergehenden Seite:

Menhir von Saint-Uzec (auch Saint-Duzek oder Saint Uzeee)
nahe der gleichnamigen Kapelle,
etwa 2,5 Kilometer nordöstlich von Trébeurden
im Département Cotes d'Armor in Frankreich.
Dieser Menhir besteht aus Granit,
ist rund acht Meter hoch und drei Meter breit.
Er wurde in der Jungsteinzeit um 2500 v. Chr. aufgerichtet.
1674 erfolgte seine Skulptierung
durch den Jesuitenpriester und bretonischen Ortographen
Julien Maunoir (1606–1683), den „Apostel der Bretagne",
als Kampfansage an das angeblich auflebende Heidentum.
Oben trägt der Menhir ein Kreuz.
In seine Südseite sind außer Mond und Sonne
auch Szenen der Anbetung
und die Leidenswerkzeuge oder Arma Christi
(Hammer, Nägel, Peitsche und andere) eingemeißelt.
Das Steinmal von Saint-Uzec gilt als der größte
mit christlichen Symbolen versehene Menhir in Frankreich.

Ernst Probst

Was ist ein ein Menhir?

Interview mit dem Mainzer
Archäologen Dr. Detert Zylmann
über Hinkelsteine

.

Widmung

Dem Römisch-Germanischen Zentralmuseum Mainz,
dem Landesmuseum Mainz und
dem Naturhistorischen Museum Mainz gewidmet,,
deren Mitarbeiter
mich bei den Recherchen für Artikel
und populärwissenschaftliche Bücher
mit Rat und Tat unterstützt haben.

Menhir bei Thomm,
Verbandsgemeinde Ruwer, Kreis Trier-Saarburg;
in Rheinland-Pfalz.
Höhe etwa 1,80 Meter

Vorwort

Was ist ein Menhir?

In dem Taschenbuch „Was ist ein Menhir?" wird ein Interview des Wiesbadener Wissenschaftsautors Ernst Probst mit dem Mainzer Archäologen Dr. Detert Zylmann über Menhire (auch „Hinkelsteine" genannt) veröffentlicht. Eines der Kapitel erwähnt zahlreiche Menhir-Fundorte in Deutschland. Detert Zylmann gilt als Experte der spätbronzezeitlichen Urnenfelderkultur, keltischer Funde aus der Eisenzeit sowie der Menhire in Rheinhessen und der Pfalz. Der frühere Zeitungs-redakteur Ernst Probst hat von 1986 bis heute rund 200 Bücher, Taschenbücher, Broschüren und E-Books veröffentlicht. Zu seinen Spezialitäten gehören Themen aus den Bereichen Paläontologie und Archäologie sowie Biografien vor allem von berühmten Frauen. Am be-kanntesten sind seine Werke „Deutschland in der Ur-zeit", „Deutschland in der Steinzeit" und „Deutschland in der Bronzezeit".

Inhalt

Foto auf Seite 8:
Menhir „Löchriger Stein" oder „Hoyerstein" bei Gerbstedt,
Kreis Mansfeld-Südharz, in Sachsen-Anhalt

Interview mit dem Mainzer Archäologen Dr. Detert Zylmann

Frage: Herr Dr. Zylmann, was ist – populär erklärt – ein Menhir?

Antwort: Das Wort „Menhir" ist keltischen Ursprungs und bezeichnet ein bewusst von Menschenhand aufgerichtetes, freistehendes, nichtfigürliches Steinmal. Es bedeutet „Langer Stein" (men = Stein, hir = lang) und ist als wissenschaftlicher Begriff in die archäologische Literatur eingegangen. Die meisten steinernen Monumente weisen Höhen zwischen 1 und 3 m auf. Neben spitzen, obeliskartigen Steinsäulen kennen wir gedrungene, pyramidenartige Formen. Verwendet wurden Gesteinsarten wie Granit, Quarzite, Sand- und Kalksteine.

Foto auf Seite 10:
Menhir „Langer Stein" bei Langenstein, Stadt Kirchhain,
in Hessen. Höhe über 5 Meter, Breite mehr als 2 Meter

Hinkelstein von Walhausen,
ein Ortsteil von Noheim, Kreis Saarwendel, im Saarland,
Gewicht schätzungsweise 13 Tonnen

Frage: Warum werden Menhire im deutschen Volksmund auch als „Hinkelsteine" bezeichnet?

Antwort: Der volkstümliche Name „Hinkelstein" („Hinkel" = rheinhessisch „Huhn"), insbesondere im westdeutschen Raum gebräuchlich, ist eine missverstandene Ableitung des Wortes „Hünenstein" (= Riesenstein) über „Hühnerstein" zum mundartlichen „Hinkelstein". Bereits im Mittelalter findet sich der Name „Hinkelstein".

Menhire von Traonigou,
Département Finistere, Frankreich

Frage: Wie kam es, dass Sie sich für Menhire interessierten?

Antwort: Wegen ihres geheimnisvollen Charakters haben diese Steine wie kaum eine andere Denkmälergruppe meine Phantasie und die vieler anderer Menschen angeregt. Diese Steine wurden von Menschen der Vorzeit aufgestellt, von einer Bevölkerung, die noch keine Schrift besaß. Die Steine sind also Spuren oder Überreste menschlichen Lebens aus vergangenen Zeiten und damit historische Quellen, die über Geschichte und Kultur schriftloser Bevölkerungsgruppen Aussagen erlauben, Aussagen, die wir sonst nicht hätten. Viele ernsthafte Wissenschaftler haben sich mit den Steinen auseinander gesetzt; sie haben aber auch zahlreiche Spekulanten beschäftigt. Ich habe versucht, möglichst sachlich die verschiedenen Blickrichtungen zu beleuchten und den geschichtlichen Informationswert dieser Steinmale aufzuzeigen, die nach dem Gesetz schützenswerte Kulturdenkmäler sind, eine faszinierende und spannende Aufgabe.

*Menhire aus der Jungsteinzeit
(um 4500 bis 4000 v. Chr.)
von Lutry im Kanton Waadt
in der Schweiz*

Frage: Aus welcher Zeit stammen die ältesten Menhire?

Antwort: Ganz allgemein können wir sagen, dass die meisten Menhire aus dem späten Neolithikum (3. Jahrtausend v. Chr.) stammen. Neueste Untersuchungen aus der Schweiz lassen erkennen, dass die Sitte, Menhire zu errichten, bereits um die Mitte des 5. Jahrtausends v. Chr. begann und damit in einem frühen Abschnitt der Jungsteinzeit zu datieren ist.

Frage: In Comics sieht man den kräftig gebauten Gallier (Kelten) namens „Obelix", wie er Menhire („Hinkelsteine") trägt oder sogar wirft. Haben die Gallier überhaupt „Hinkelsteine" her- und aufgestellt?

Antwort: Sicher ist, dass weder die Römer noch die Kelten diese Steine hergestellt bzw. aufgestellt haben. Sie stammen aus einer Zeit, die weit vor den Geschichten von Asterix und Obelix anzusiedeln ist. Es ist jedoch nicht auszuschließen, dass Menhire gelegentlich noch in römischer Zeit kultische Verehrung erfuhren.

Foto auf Seite 18:
Steinerne Statue eines gallischen Kriegers,
die um 1850 in Vachères,
Département Alpes-des-Haute-Provence, in Frankreich
gefunden wurde.
Original im Museum Calvet, Avignon

Frage: Wie lang ist der größte Menhir und wo steht bzw. liegt er?

Antwort: Der größte heute noch aufrecht stehende Stein mit einer Höhe von 12 m ist der Menhir von Kerloas bei Plouarzel, westlich von Brest in der Bretagne. Auch der längste überhaupt bekannte Menhir befindet sich in der Bretagne. Es ist der umgestürzte „Grand Menhir Brisé" auf der Halbinsel Locmariaquer im Departement Morbihan. Er ist in vier Teile zerbrochen und war ursprünglich etwa 21 m hoch.

Foto auf Seite 20:
Menhir von Kerloas bei Plouarzel,
Département Finistere, in Frankreich
Höhe etwa 12 Meter

Frage: Kennt man das Gewicht mancher besonders großer Menhire?

Antwort: Während der Menhir von Kerloas über 150 Tonnen wiegt, wird das Gewicht des „Grand Menhir Brisé" auf 350 Tonnen geschätzt.

Foto auf Seite 22:
Umgestürzter „Grand Menhir Brisé" von Locmariaquer,
etwa 12 Kilometer von Carnac entfernt,
Département Morbihan, Frankreich.
Ursprüngliche Höhe etwa 21 Meter,
Gewicht schätzungsweise 350 Tonnen

Stonehenge in Südengland,
eine der bekanntesten Megalithanlagen
der Welt

Frage: Die Herstellung und das Errichten von Menhiren waren doch erstaunliche Arbeitsleistungen?

Antwort: Der Transport und die Aufrichtung der Steine konnte mit Hilfe der experimentellen Archäologie nachgespielt werden. Da es keine Maschinen im heutigen Sinne gab, mussten alle Arbeiten von Tieren oder vom Menschen verrichtet werden. Wie zahlreiche Experimente gezeigt haben, hat es verschiedene Möglichkeiten gegeben, schwere Steine ohne komplizierte Maschinen zu bewegen. Besonders eindrucksvoll ist eine Darstellung aus dem Alten Ägypten. Dort wird über den Transport einer 60 Tonnen schweren und 7 m hohen Statue berichtet.

Insbesondere durch Experimente am Beispiel des südenglischen Stonehenge, dem Nationalheiligtum der Briten und der wohl bekanntesten Megalithanlage, wissen wir, dass schwere Steinblöcke über weite Entfernungen transportiert und wie sie aufgerichtet wurden.

1979 kam es in einem kleinen französischen Ort zu einem Versuch, die in der Vorzeit angenommenen Techniken zu überprüfen. Ein 32 Tonnen schwerer Steinblock sollte über eine größere Distanz befördert werden. Um dies zu erreichen, wurden 200 Personen benötigt, die mit Hilfe starker Flachsseile, schwerer Rollen und Eichenschienen den Stein bewegen konnten. Bereits 1956 gelang es Thor Heyerdahl mit seinem

*Tonnenschwere Steinstatuen
auf der Osterinsel*

Forscherteam tonnenschwere Steinstatuen auf der Osterinsel ohne moderne Hilfsmittel wieder aufzustellen. In allen Experimenten konnte gezeigt werden, dass der Transport und die Aufrichtung mit sehr einfachen Verfahren möglich ist, vorausgesetzt Spezialisten waren mit der Planung und Ausführung betraut. Welche logistische Leistung erbracht werden musste, lässt sich nur erahnen. Auf jeden Fall muss eine gut durchdachte Organisation und – das sollte nicht unterschätzt werden – eine ebenso leistungsfähige Landwirtschaft für die Versorgung großer Menschengruppen vorausgesetzt werden.

Riesiger Menhir in Persien
auf einer Zeichnung um 1845

Frage: Weiß man heute, welchen Zweck die Menhire hatten?

Antwort: Eine einheitliche Deutung, warum Menhire aufgestellt wurden, gibt es nicht. Allgemein können wir sagen, dass sie eine kultisch-religiöse Funktion hatten. Es sind keine Grabmäler, die den Ort einer Bestattung anzeigen, obwohl zu ihren Füßen gelegentlich Tote bestattet wurden. Vielleicht waren es Götteridole, Opferpfähle oder phallische Kultdenkmäler, vielleicht Erinnerungsmale an Verstorbene, deren Leichnam man nicht finden konnte, sozusagen Vorläufer der griechischen Kenotaphe. Vielleicht gehörten sie aber auch zum Ahnenkult, dienten als so genannt „Ersatzleiber" von Verstorbenen, an denen die Hinterbliebenen Abschied nehmen konnten. Schließlich hat man den Standort der Steine mit Gerichtsstätten in Verbindung gebracht. Heute sind sie oft Forst- oder Gemarkungssteine oder grenzen Besitztümer ab.

Verzierter Menhir von Tübingen-Weilheim
in Baden-Württemberg, Höhe etwa 4,25 Meter

Frage: Menhire waren teilweise verziert – was zeigen die Darstellungen?

Antwort: In heidnischer Zeit als Kultsteine, Mahnmale oder Idole verehrt, dürften die Menhire mit der Einführung des Christentums der Kirche ein Dorn im Auge gewesen sein. Eine Verehrung von Steinmonumenten konnte nicht geduldet werden. Die Steine wurden vielfach ausgegraben und zerstört. Wer dennoch die Steine verehrte, dem wurde mit Exkommunizierung gedroht. Doch die kirchlichen Weisungen und Verbote erzielten keinen durchschlagenden Erfolg. So ging man einen anderen Weg. Nicht durch Vernichtung und Zerstörung sollte eine allmähliche Annäherung erfolgen, sondern durch Integration in die christliche Glaubenswelt, in dem man beispielsweise ein Kreuz auf den Stein setzte oder ihm christliche Symbole eingravierte. Damit war der so in seinem Äußeren veränderte Stein in den Dienst der Religion gestellt, man hatte ihn also „christianisiert". Oder man ließ eine Nische in den Stein meißeln und setzte ein Heiligenbild hinein. 1985 fand man in Tübingen-Weilberg einen mit fünf so genannten Stabdolchen verzierten Steinblock. Diese Waffenabbildungen datieren den Stein in ein fortgeschrittenes Stadium der Frühen Bronzezeit und damit an den Beginn des 2. vorchristlichen Jahrtausends. Die meisten Menhire sind jedoch unverziert, nur gelegentlich sind Bearbeitungsspuren zu erkennen.

*Menhir von Düsseldorf-Kaiserswerth
in Nordrhein-Westfalen, Höhe etwa 1,70 Meter*

Frage: Gibt es eine Erklärung dafür, dass man in manchen deutschen Bundesländern (z. B. Rheinland-Pfalz, Hessen, Sachsen-Anhalt) viele oder zumindest einige Menhire entdeckt hat, in anderen dagegen gar keine (z. B. Bayern, Brandenburg, Schleswig-Holstein)?

Antwort: Diese Frage lässt sich nur schwer beantworten. Menhire sind keine isolierte Erscheinung, sondern sie stehen in einem engen kulturellen Zusammenhang mit den zahlreichen Megalithbauten, also den „Großsteinbauten", (z. B. Großsteingräber, Steinreihen von Carnac, Stonehenge). War man früher der Auffassung, zu derartigen Monumentalbauten müsse es einen inneren Zusammenhang geben, ja man glaubte sogar an die Werke eines einzigen Megalithvolkes mit gleicher Tradition und gemeinsamer Kultur, so vermutet man heute hinter diesen Gemeinsamkeiten lediglich ein geschlossenes religiöses System, getragen von unterschiedlichen Völkerschaften. Nach neueren chronolo-.gischen und architektonischen Untersuchungen ist von mehreren eigenständigen, voneinander unabhängigen Entstehungszentren auszugehen. Dies mag vielleicht eine Erklärung dafür sein, warum sich die Verbreitung der Menhire nicht mit der der übrigen Megalithbauten deckt.

*Frage: Wo kann man in Deutschland einen besonders ein-
drucksvollen Menhir betrachten?*

Antwort: Zu den eindruckvollsten Menhiren gehört
zweifellos der „Lange Stein" mit einer Höhe von 3,70
m. Er steht südöstlich von Ober-Saulheim, Kreis Alzey-
Worms (Rheinland-Pfalz), an der Bundesstraße 40. Er
ist „christianisiert" worden. Im oberen Drittel des Steines
ist eine Nische zur Aufnahme eines christlichen
Heiligenbildes eingehauen. Diese Nische kann nach ihrer
Form in die späte Gotik datiert werden.

Foto auf Seite 34:
Hinkelstein „Langer Stein" bei Ober-Saulheim,
Kreis Alzey-Worms, in Rheinland-Pfalz,
Höhe etwa 3,70 Meter

Frage: Sind Menhire, die unbewacht fern von Städten oder Dörfern in der Landschaft stehen, durch unvernünftige Menschen gefährdet?

Antwort: Viele Steine fanden in früheren Zeiten nicht die ihnen gebührende Anerkennung. Sie wurden beispielsweise bei Flurbereinigungen oder bei Straßenbaumaßnahmen zerstört oder andernorts aufgestellt. Heute stehen nur noch wenige Menhire an ihren ursprünglichen Standorten.

Foto auf Seite 36:
Menhir „Schön-Ännchenstein, „Frößnitzstein"
oder „Heidenstein",
der ursprünglich bei Krosigk, heute ein Ortsteil von Petersburg,
Saalekreis, in Sachsen-Anhalt, stand
und später vor dem Landesmuseum für Vorgeschichte
in Halle/Saale aufgestellt wurde, Höhe knapp 2,70 Meter

Frage: Welche Rolle spielen die „Hinkelsteine" heute in Rheinhessen, wo Sie als Archäologe arbeiteten?

Antwort: Diese Steine wurden von einer Bevölkerung aufgestellt, die noch keine Schrift besaß. Menhire sind also Spuren menschlichen Lebens aus vergangenen Zeiten und damit historische Quellen, die über Geschichte und Kultur schriftloser Bevölkerungsgruppen Aussagen erlauben, Aussagen, die wir sonst nicht hätten. Und so besteht folgerichtig ein öffentliches Interesse an der Pflege und Erhaltung dieser Denkmäler. Werden sie zerstört, bedeutet dies den Verlust an Informationen. Sie sind nach dem Gesetz schützenswerte Kulturdenkmäler. Neben den Grabhügeln und den Wallanlagen gehören die Menhire zu den einzigen heute noch oberirdisch sichtbaren, also auch für den Laien im Gelände optisch erkennbaren archäologischen Denkmälern unserer Region.

Foto auf Seite 38:
Hinkelstein „Dicker Stein" in Dexheim,
Kreis Mainz-Bingen, in Rheinland-Pfalz.
Er steht heute auf dem „Freien Platz" in Dexheim.
Ursprünglich befand er sich
an der heutigen Kreisstraße 44,
Höhe etwa 1,60 Meter

Frage: Kann man in Deutschland heute noch bislang unbekannte Menhire entdecken?

Antwort: Dies dürfte außerordentlich schwierig sein, sofern keine schriftlichen Dokumente vorliegen. Man sieht diesen Steinen ihren Denkmalcharakter nicht immer an. Oft liefern Flurnamen einen letzten Hinweis auf ein Kulturdenkmal, das in der Regel dann auch nicht mehr vorhanden ist.

Foto auf Seite 40:
Menhir „Gollenstein" bei Blieskastel (Saarpfalz-Kreis)
im Saarland.
Sein Alter wird auf etwa 4000 Jahre geschätzt.
Mit einer Höhe von rund 6,50 Metern
ist der „Gollenstein" der höchste Menhir in Mitteleuropa.

Foto auf Seite 41:
Menhir „Steinerne Jungfrau" von Halle-Dölau
in Sachsen-Anhalt.
Das rund 5,50 Meter hohe Steinmal
gilt als zweitgrößter Menhir in Mitteleuropa.

Frage: Um Menhire rankt sich mancher Aberglaube – was zum Beispiel?

Antwort: Trotz vielfältiger Missionierungsversuche durch die Kirche konnten sich viele heidnische Vorstellungen und Bräuche halten. Bereits im 13. Jahrhundert wird urkundlich erwähnt, dass sich einige Menhire zu hohen Feiertagen drehten. Legte man das Ohr an sie, so waren Weh- und Klagelaute zu vernehmen. Man glaubte, diese Steine seien nicht das Werk von Menschen, sondern gehörten in die Welt von unsichtbaren Wesen mit übernatürlichen Kräften. Daher hatte die Bevölkerung, insbesondere die bäuerliche, lange Zeit großen Respekt vor diesen Steinen. Wir kennen Steine, die im Mittelpunkt von Fruchtbarkeitsriten standen. Segensreicher Einfluss auf Liebe und Kindersegen wurde dem zuteil, der die Steine intensiv berührte. Aus der Gegend um Carnac (Bretagne) wird berichtet, dass ältere kinderlose Ehepaare tanzend zu einem Stein kamen mit der Bitte um Erben. Auf einer bretonischen Postkarte noch aus dem Jahre 1900 sind Frauen abgebildet, die einen Hinkelstein umtanzen, in der Hoffnung auf Kindersegen. Der Glaube an die Macht der Steine manifestiert sich auch heute noch gelegentlich in bestimmten Praktiken. So fand ich bei einem Besuch des „Langen Steins" von Ober-Saulheim (Rheinland-Pfalz) eine brennende Grableute zu seinen Füßen. Ein weiteres Beispiel aus jüngster Zeit ließ sich aus der

Menhir auf dem Pfingstberg von Latdorf,
einem Ortsteil von Nienburg/Saale, Salzlandkreis,
in Sachsen-Anhalt, Höhe etwa 2 Meter

Bretagne dokumentieren. In einem Menhir, der seitlich ein Loch aufwies, steckte ein französisches Weißbrot und eine Münze. Wir sehen, dass auch im modernen Zeitalter diese Steine noch nicht ganz ihre Macht verloren haben.

Französische Frauen umtanzen einen Menhir

Frage: Interessieren sich die heutigen Menschen noch für Menhire?

Antwort: Geschichte hat gegenwärtig in unserer Gesellschaft einen hohen Stellenwert. Archäologische Sendungen in Rundfunk und Fernsehen können hoher Einschaltquoten gewiss sein. Die Fülle von archäologischen Sachbüchern und die hohen Besucherzahlen in archäologischen Ausstellungen lassen sich nur mit einer positiven Akzeptanz der Sache der Archäologie erklären. Wegen ihres geheimnisvollen Charakters haben diese Steine bis in die heutige Zeit wie kaum eine andere Denkmälergruppe die Phantasie der Menschen angeregt. Sehr zögerlich haben sich viele ernsthafte Wissenschaftlern mit den Steinen auseinandergesetzt, da hinsichtlich Funktion und Deutung nur eine begrenzte Aussage möglich ist. Und so bleibt das Feld vielfach den Esoterikern und den Fantasten überlassen, rückt das Mystische in den Vordergrund und gewinnen Fantasie und Wunschdenken die Oberhand. Spekulationen werden zu Fakten, Glaube wird zu Wissen. Es gibt zahlreiche Vermutungen, jedoch wenige schlüssige Beweise. Ich habe versucht, möglichst sachlich die verschiedenen Blickrichtungen zu beleuchten und den geschichtlichen Informationswert dieser Kulturdenkmäler aufzuzeigen.

Foto auf Seite 49:

Christianisierter Menhir „Fraubillenkreuz",
„Langstein" oder „Druidenstein"
auf dem Ferschweiler Plateau
in der Verbandsgemeinde Irrel,
Eifelkreis Bitburg-Prüm, in Rheinland-Pfalz.
Laut Überlieferung wurde
der in der Jungsteinzeit geschaffene,
ursprünglich über 4,50 Meter hohe Menhir
vom Missionar Willibrord eigenhändig umgemeißelt

Menhir von Degernau,
Gemeinde Wutschingen,
Kreis Waldshut, Baden-Württemberg,
Höhe knapp 2 Meter

Fundorte von Menhiren in Deutschland

(Auswahl)

Baden-Württemberg
Degernau, Gemeinde Wutschingen, Kreis Waldshut
Weilheim, Stadt Tübingen

Saarland
Blieskastel, Saarpfalz-Kreis (Gollenstein)
St. Ingbert-Rentrisch, Saarpfalz-Kreis (Spellenstein oder Spillenstein)
Walhausen, Ortsteil von Noheim, Kreis Saarwendel

Rheinland-Pfalz
Bollendorf, Kreis Bitburg-Prüm (Fraubillenkreuz), Eifel
Alzey-Dautenheim, Kr. Alzey-Worms (Hinkelstein), Rheinhessen
Armsheim, Kr. Alzey-Worms (Hinkelstein, Dicker Stein, Spitzer Stein), Rheinhessen
Dexheim, Kreis Mainz-Bingen, Rheinhessen
Dittelsheim-Hessloch, Kreis Alzey-Worms (Weißer Stein), Rheinhessen

Essenheim, Kreis Mainz-Bingen (Hoher Stein oder Langer Stein), Rheinhessen
Flonheim, Kreis Alzey-Worms (Langer Stein), Rheinhessen
Gumbsheim, Kreis Alzey-Worms, Rheinhessen
Monsheim, Kreis Alzey-Worms (Hinkelstein), Rheinhessen
Ingelheim, Kreis-Mainz-Bingen, Rheinhessen,
Nackenheim, Kreis Mainz-Bingen. Rheinhessen
Nierstein, Kreis Mainz-Bingen, Rheinhessen
Ober-Saulheim, Kreis Alzey-Worms (Langer Stein), Rheinhessen
Selzen, Kreis Mainz-Bingen, Rheinhessen
Alsenz, Donnersbergkreis (Wack), Pfalz
Bolanden, Donnersbergkreis (Hinkelstein), Pfalz
Bürrstadt, Donnersbergkreis (Hinkelstein), Pfalz
Deidesheim, Kreis Bad Dürkheim (Hinkelstein), Pfalz
Einselthum, Donnersbergkreis (Langer Stein), Pfalz
Freinsheim, Kreis Bad Dürkheim (Langer Stein), Pfalz
Mittelbrunn, Kreis Kaiserslautern (Langer Stein), Pfalz
Obermoschel, Donnersbergkreis (Langer Stein), Pfalz
Otterberg, Kreis Kaiserslautern (Hinkelstein), Pfalz
Stahlberg, Donnersbergkreis (Langer Stein), Pfalz

Nordrhein-Westfalen
Kaiserswerth, Stadtteil von Düsseldorf
(Kaiserswerther Menhir)

Hessen
Alsbach-Hähnlein, Kreis Darmstadt-Dieburg
(Hinkelstein)
Bad Homburg v.d.H., Hochtaunuskreis
(Gluckenstein)
Baunatal-Großenritte, Kreis Kassel (Hünstein)
Bensheim, Kreis Bergstraße
Brensbach-Wersau, Odenwaldkreis
Bürstadt, Kreis Bergstraße (Sackstein)
Butzbach, Wetteraukreis
Darmstadt, Menhiranlage
Felsberg-Wolfershausen, Schwalm-Eder-Kreis
(Großer
Stein oder Riesenstein)
Gudensberg-Maden, Schwalm-Eder-Kreis (Malstein
oder Wodanstein)
Fritzlar-Werkel, Schwalm-Eder-Kreis (Langer Stein)
Kelkheim, Main-Taunus-Kreis (Hohestein)
Kirchhain-Langenstein, Kreis Marburg-Biedenkopf
(Langer Stein)
Münzenberg-Trais, Wetteraukreis (Krü?ppelstein)
Nidda-Unter-Widdersheim, Wetteraukreis
(Kindstein)
Ober-Mörlen, Wetteraukreis

Foto auf Seite 55.
Menhir aus der Jungsteinzeit
mit Darstellung einer Dolmengöttin
aus dem Großsteingrab
von Langeneichstädt, Kreis Harz, in Sachsen-Anhalt,
Höhe etwa 1,70 Meter

Sachsen-Anhalt
Altenroda bei Nebra, Burgenlandkreis
Aschersleben, Salzlandkreis (Blaue Gans)
Benzingerode, Kreis Harz (Hünenstein)
Berga bei Kelbra, Kreis Mansfeld-Südharz (Hoher Stein)
Büchel, Kreis Sömmerda (als Kriegerdenkmal benutzter
Menhir)
Burgscheidingen-Tröbsdorf, Burgenlandkreis
Derenburg, Kreis Harz (Hünenstein)
Dölau, Stadtteil von Halle/Saale (Dölauer Jungfrau
oder Steinerne Jungfrau)
Drehlitz, Gemeinde Petersberg , Saalekreis
Eilsleben, Kreis Börde (Menhir Oma)
Gerbstedt, Kreis Mansfeld-Südharz (Löchriger Stein
oder Hoyerstein)
Güsten bei Bernburg, Salzlandkreis
Hackpfüffel bei Tilleda, Kreis Mansfeld-Südharz
Heimburg bei Wernigerode, Kreis Harz
Hohen, Gemeinde Petersberg, Saalekreis
Höhnstedt, Gemeinde Salzatal, Salzlandkreis (Butterstein
oder Hexenstein)
Krosigk, Ortsteil von Petersberg, Saalekreis (Schön-
Ännchenstein, Frößnitzstein oder Heidenstein)
Langeneichstädt, Kreis Harz (Menhir aus einem
Großsteingrab mit Darstellung einer Dolmengöttin)
Latdorf, Ortsteil von Nienburg/Saale, Salzlandkreis
(Schwedenstein oder Totensäule auf dem Pfingstberg)
Morl, Gemeinde Petersberg, Saalekreis
Räther bei Hönstedt, Saalekreis (Der Bauer

oder Schäferstein)
Sangerhausen, Kreis Mansfeld-Südharz
Saubach, Burgenlandkreis (Langer Stein, Hoher Stein
oder Hermenfriedstein)
Schochwitz, Saalekreis (Langer Stein)
Seeben bei Halle/Saale (Franzosenstein)
Seehausen bei Oschersleben, Kreis Börde
(Götterstein mit Darstellung einer Göttin)
Wasserleben, Kreis Harz (Brotstein)
Welfesholz bei Hettstedt , Kreis Mansfeld-Südharz
(Feldpredigerstein oder Pfaffenstein)

Sachsen
Bucha-Zeuckritz, Kreis Meißen (Der Spitze Stein)
Döben bei Grimma, Kreis Leipzig, Hoher Stein
Steudten, Kreis Meißen (Huthübel)
Zschoppach, Kreis Leipzig (Rugestein oder
Ruhestein)

Thüringen
Buttelstedt, Kreis Weimarer Land (Langer Stein oder
Wetzstein)
Ettersburg, Kreis Weimarer Land (als Parkbank
benutzter Menhir)
Feldengel, Sadtteil von Großenehrlich (Langer Stein)
Nohra, Kreis Nordhausen (Hünenstein)

Mecklenburg-Vorpommern
Boitin, Kreis Rostock, Menhiranlage (Steintanz)

Menhir und Kapelle
von Eenelter in Reckange/Mersch in Luxemburg

Literatur

GÖDEL, Otto: Menhire. Zeugen des Kults, Grenz- und Rechtsbrauchtums in der Pfalz , Rheinhessen und dem Saargebiet, Speyer 1987
KIRCHNER, Horst: Die Menhire in Mitteeuropa und der Menhirgedanke, Wiesbaden 1955
PROBST, Ernst: Deutschland in der Steinzeit. Jäger, Fischer und Bauern zwischen Nordseeküste und Alpenraum, München 1991
PROBST, Ernst: Deutschland in der Bronzezeit. Bauern, Bronzegießer und Burgherren zwischen Nordsee und Alpen, München 1996
PROBST, Ernst: Rekorde der Urmenschen. Erfindungen, Kunst und Religion, München 1992
PROBST, Ernst: Das Rätsel der Großsteingräber. Die nordwestdeutsche Trichterbecher-Kultur, München 2011
SCHULZE-THULIN: Großsteingräber und Menhire: Sachsen-Anhalt, Thüringen, Sachsen. 14 spannende Touren zu den schönsten Megalithbauten mit Umgebungskarten, Halle/Saale 2006
WALKOWITZ, Jürgen E.: Das Megalithsyndrom. Europäische Kultplatze der Steinzeit, Beiträge zur Ur- und Frühgeschichte Mitteleuropas 36, Langenweißbach 2003
WIKIPEDIA (Online-Lexikon) http://wikipedia.org
ZYLMANN, Detert: Das Rätsel der Menhire, München 2003

Menhire von Le Menec bei Carnac
im Département Morbihan in der Bretagne, Frankreich.
Dort befinden sich in bis zu 1167 Meter langen Steinreihen
(Alignements) insgesamt 1099 bis zu vier Meter hohe Menhire.
Die Steinreihen enden in einem Halbkreis.

Bildquellen

Archäologe Dr. Detert Zylmann

Der Archäologe
Dr. Detert Zylmann

Detert Zylmann wurde am 15. August 1944 in Hamburg geboren. Sein Großvater Peter Zylmann war Professor und gründete zusammen mit Dr. Werner Haarnagel am 4. Juli 1951 die Arbeitsgruppe Vorgeschichte der Ostfriesischen Landschaft.

Detert Zylmann studierte Vor- und Frühgeschichte, Ethnologie und Anthropologie in Hamburg und Mainz. 1980 promovierte er in Mainz. Anschließend folgte eine zweijährige Tätigkeit am Institut für Denkmalpflege in Hannover, Dezernat Inventarisation. 1983 übernahm Zylmann die Stelle eines wissenschaftlichen Mitarbeiters bei der Archäologischen Denkmalpflege Mainz. Zu seinen Aktivitäten gehörten Ausgrabungen, Untersuchungen und Veröffentlichungen von archäologischen Funden aus der Jungsteinzeit, Bronzezeit, Eisenzeit (Kelten) und dem Mittelalter.

Detert Zylmann gilt als Experte der spätbronzezeitlichen Urnenfelderkultur, keltischer Funde aus der Eisenzeit sowie der Menhire in Rheinhessen und der Pfalz. Er schrieb ein zweibändiges Werk über die Grab- und Depotfunde sowie Einzelfunde aus Metall der Urnenfelderkultur in der Pfalz, veröffentlichte ein Buch über die Menhire in Deutschland und verfasste zahlreiche Beiträge über keltische Funde aus der Eisenzeit.

In Rheinhessen und im Naheraum untersuchte und erforschte Detert Zylmann Funde aus der Jungsteinzeit, Bronzezeit, Eisenzeit und dem Mittelalter. In Bretzenheim an der Nahe legte er eine Siedlung und Bestattungen der jungsteinzeitlichen Bandkeramischen Kultur frei. Von 1991 bis 2004 war er wissenschaftlicher Leiter der Ausgrabungen eines keltischen Friedhofes in Worms-Herrnsheim. Dort bearbeitete er auch ein Grab der jungsteinzeitlichen Glockenbecherkultur. In Ingelheim am Rhein untersuchte er einen Menhir aus der Jungsteinzeit, in Sprendlingen einen Kreisgrabenfriedhof der Hügelgräberbronzezeit und in Undenheim die Totenhütte eines adligen Mädchens aus der Urnenfelderkultur. Im Langenlonsheimer Wald er-forschte er einen Grabhügel der eisenzeitlichen Hunsrück-Eifel-Kultur.

Literatur von
Dr. Detert Zylmann

Beiträge in: Was ist ein Kulturdenkmal? Arbeitshefte
zur Denkmalpflege in Niedersachsen 2, Hannover 1982
Die Urnenfelderkultur in der Pfalz. Grab- und Depot-
funde, Einzelfunde aus Metall. 2 Bände. Veröffent-
lichungen der Gesellschaft zur Förderung der Wissen-
schaften in Speyer, Speyer 1983
Ein Grabhügel der Hunsrück-Eifel-Kultur im Langen-
lonsheimer Wald (Bad Kreuznach), Mainz 1985
Ein Bestattungsplatz der Urnenfelderkultur von
Undenheim, Landkreis Mainz-Bingen. Mainzer
Zeitschrift, Band 82, S. 199–210, Mainz 1987
Im Grab lag die Fürstin mit Gold und ihrem Wagen
(Kelten im Naheraum), Allgemeine Zeitung, Mainz, 9.
Oktober 1988
Als Glas noch so wertvoll wie Gold war (Werkstoff
Glas). Allgemeine Zeitung, Mainz, 14. Januar 1989
Ein mittelalterliches Bauopfer aus Bingen? Mainzer
Zeitschrift 84/85, S. 373–379, Mainz 1989/1990
Steine, die unsere Phantasie erregen (Menhire in Rhein-
hessen). Allgemeine Zeitung, Mainz, 6. Oktober 1990
Die Kelten im Naheraum: das Fürstengrab von
Waldalgesheim. Kennzeichen MZ-BIN. Heimatkunde

für den Landkreis Mainz-Bingen, H. Forster (Hrsg.), S. 57–59, Lörrach/Stuttgart 1990
Die Niersteiner Gemarkung in vorgeschichtlicher Zeit. Festschrift 1250 Jahre Nierstein, S. 1-27, Nierstein 1992
Ein Grab der Glockenbecherkultur aus Worms-Herrnsheim. Der Wormsgau 16, S. 115–117, 1992/95
Archäologische Erfassung von Grabhügeln im Landkreis Mainz-Bingen. VR. Vermessungsordnung und Raumordnung 56, S. 260–268, 1994
Eine bandkeramische Siedlung mit Bestattungen aus Bretzenheim an der Nahe, Landkreis Bad Kreuznach. Landeskundliche Vierteljahrsblätter 42, S. 149–162, 1996
Ein keltisches Reitergrab aus Gau-Heppenheim, Ldkr. Alzey-Worms. Mainzer Archäologische Zeitschrift 3, S. 5–24, Mainz 1996
Ein Kreisgrabenfriedhof der Hügelbronzezeit aus Sprendlingen, Kr. Mainz-Bingen. Festschrift Prof. Bantelmann, S. 41–51, Bonn 2000
Beiträge in: S. Rieckhoff/J. Biel (Hrsg.): Die Kelten in Deutschland, Stuttgart 2001
Die Bodenheimer Gemarkung in vorgeschichtlicher Zeit. Festschrift 1250 Jahre Bodenheim, S. 3–24, Alzey 2003
Das Rätsel der Menhire, Mainz-Kostheim 2003

Autor Ernst Probst

Der Autor Ernst Probst

Ernst Probst, geboren am 20. Januar 1946 in Neunburg vorm Wald im bayerischen Regierungsbezirk Oberpfalz, ist Journalist und Wissenschaftsautor. Er arbeitete von 1968 bis 1971 als Redakteur bei den „Nürnberger Nachrichten", von 1971 bis 1973 in der Zentralredaktion des „Ring Nordbayerischer Tageszeitungen" in Bayreuth und von 1973 bis 2001 bei der „Allgemeinen Zeitung", Mainz. In seiner Freizeit schrieb er Artikel für die „Frankfurter Allgemeine Zeitung", „Süddeutsche Zeitung", „Die Welt", „Frankfurter Rundschau", „Neue Zürcher Zeitung", „Tages-Anzeiger", Zürich, „Salzburger Nachrichten", „Die Zeit", „Rheinischer Merkur", „Deutsches Allgemeines Sonntagsblatt", „bild der wissenschaft", „kosmos", „Deutsche Presse-Agentur" (dpa), „Associated Press" (AP) und den „Deutschen Forschungsdienst" (df). Aus seiner Feder stammen die Bücher „Deutschland in der Urzeit" (1986), „Deutschland in der Steinzeit" (1991), „Rekorde der Urzeit" (1992), „Dinosaurier in Deutschland" (1993 zusammen mit Raymund Windolf) und „Deutschland in der Bronzezeit" (1996). Von 2001 bis 2006 betätigte sich Ernst Probst als Buchverleger sowie zeitweise als internationaler Fossilienhändler und Antiquitätenhändler. Insgesamt veröffentlichte er rund 200 Bücher, Taschenbücher, Broschüren und E-Books.

Bücher von Ernst Probst

(Auswahl)

Als Mainz noch nicht am Rhein lag

Annie Oakley
Die Meisterschützin des Wilden Westens

Archaeopteryx. Der Urvogel
aus Bayern

Christl-Marie Schultes. Die erste Fliegerin in Bayern
(zusammen mit Theo Lederer)

Cortés und Malinche. Der spanische Eroberer
und seine indianische Geliebte

Der Europäische Jaguar

Der Mosbacher Löwe
Die riesige Raubkatze aus Wiesbaden

Der Rhein-Elefant
Das Schreckenstier von Eppelsheim

Der Schwarze Peter
Ein Räuber im Hunsrück und Odenwald

Der Ur-Rhein
Rheinhessen vor zehn Millionen Jahren

Deutschland im Eiszeitalter

Deutschland in der Frühbronzezeit

Deutschland in der Mittelbronzezeit

Deutschland in der Spätbronzezeit

Die Aunjetitzer Kultur in Deutschland

Die Straubinger Kultur in Deutschland

Die Singener Gruppe

Die Arbon-Kultur in Deutschland

Die Ries-Gruppe und die Neckar-Gruppe

Die Adlerberg-Kultur

Der Sögel-Wohlde-Kreis

Die nordische Bronzezeit in Deutschland

Die Hügelgräber-Kultur in Deutschland

Die ältere Bronzezeit in Nordrhein-Westfalen

Die Bronzezeit in der Lüneburger Heide

Die Stader Gruppe in der Bronzezeit

Die Oldenburg-emsländische Gruppe

Die Urnenfelder-Kultur in Deutschland

Die ältere Niederrheinische Grabhügel-Kultur

Die Unstrut-Gruppe

Die Helmsdorfer Gruppe

Die Saalemündungs-Gruppe

Die Lausitzer Kultur in Deutschland

Die Dolchzahnkatze Megantereon

Die Dolchzahnkatze Smilodon

Die Säbelzahnkatze Homotherium

Die Säbelzahnkatze Machairodus

Die Schweiz in der Frühbronzezeit

Die Rhône-Kultur in der Westschweiz

Die Arbon-Kultur in der Schweiz

Die Schweiz in der Mittelbronzezeit

Die Schweiz in der Spätbronzezeit

Dinosaurier von A bis K. Von Abelisaurus
bis zu Kritosaurus

Dinosaurier von L bis Z. Von Labocania
bis zu Zupaysaurus

Eiszeitliche Geparde in Deutschland

Eiszeitliche Leoparden in Deutschland

Frauen im Weltall

Hildegard von Bingen. Die deutsche Prophetin

Höhlenlöwen. Raubkatzen
im Eiszeitalter

Julchen Blasius
Die Räuberbraut des Schinderhannes

Katharina II. die Große.
Die Deutsche auf dem Zarenthron

Johann Jakob Kaup
Der große Naturforscher aus Darmstadt

Königinnen der Lüfte in Deutschland

Königinnen der Lüfte in Europa

Königinnen der Lüfte in Amerika

Königinnen der Lüfte von A bis Z

Rund 70 Kurzbiografien berühmter Fliegerinnen,
Ballonfahrerinnen, Luftschifferinnen, Fallschirm-
springerinnen, Astronautinnen und Kosmonautinnen

Königinnen des Tanzes

Malende Superfrauen

Meine Worte sind wie die Sterne
Die Entstehung der Rede des Häuptlings Seattle
(zusammen mit Sonja Probst)

Monstern auf der Spur
Wie die Sagen über Drachen, Riesen
und Einhörner entstanden

Österreich in der Frühbronzezeit

Österreich in der Mittelbronzezeit

Österreich in der Spätbronzezeit

Pompadour und Dubarry. Die Mätressen
von Louis XV.

Raub-Dinosaurier von A bis Z.
Mit Zeichnungen von Dmitry Bogdanav
und Nobu Tamura

Rekorde der Urmenschen
Erfindungen, Kunst und Religion

Rekorde der Urzeit
Landschaften, Pflanzen und Tiere

Säbelzahnkatzen. Von Machairodus
bis zu Smilodon

Säbelzahntiger am Ur-Rhein. Machairodus
und Paramachairodus

Superfrauen aus dem Wilden Westen

Superfrauen 1 – Geschichte

Superfrauen 2 – Religion

Superfrauen 3 – Politik

Superfrauen 4 – Wirtschaft und Verkehr

Superfrauen 5 – Wissenschaft

Superfrauen 6 – Medizin

Superfrauen 7 – Film und Theater

Superfrauen 8 – Literatur

Superfrauen 9 – Malerei und Fotografie

Superfrauen 10 – Musik und Tanz

Superfrauen 11 – Feminismus und Familie

Superfrauen 12 – Sport

Superfrauen 13 – Mode und Kosmetik

Superfrauen 14 – Medien und Astrologie

Tony und Bruno Werntgen. Zwei Leben für die Luftfahrt
(zusammen mit Paul Wirtz)

Zenobia von Palmyra.
Eine Frau kämpft gegen die Römer

Bestellungen bei: http://www.grin.com